MW01627693

Casa Colombiana

CASA COLOMBIANA

Dirección, diseño y edición

BENJAMIN VILLEGAS

Investigación, coordinación y textos de fotografías

FERNANDO CORREA MUÑOZ

Fotografía general

ANTONIO CASTAÑEDA BURAGLIA

Textos introductorios

FERNANDO GARAVITO

Asesoría editorial
FRANCA PACINI

Fotografía complementaria
CLAUDIA URIBE
JOSE FERNANDO MACHADO
HERNAN DIAZ
PILAR GOMEZ
DIEGO SAMPER
FERNANDO CORREA
JORGE EDUARDO ARANGO

Coordinación de arte
MERCEDES CEDEÑO

Asistente de fotografía
HECTOR WIESNER

Avenida 82 No. 11-50 - Interior 3
Fax 616 0020 - Apartado 7427
Santafé de Bogotá, D. C.

Primera edición, octubre de 1992

ISBN Obra completa 958-9138-73-X
ISBN 958-9138-74-8

Impreso en Japón por
TOPPAN PRINTING CO., LTD.

El editor agradece a todos y cada uno de los propietarios,
cuyos nombres se reserva por previo acuerdo,
su gentileza y confianza al autorizar la fotografía y reproducción
de los interiores de sus casas, especialmente a aquellos
cuyas casas no pudieron ser incluidas por distintas razones editoriales,
y a las diferentes personas que desinteresadamente
prestaron su colaboración durante el proceso
de investigación, selección y fotografía de las mismas.
Igualmente reconoce el valioso apoyo
brindado por DAVIVIENDA
al patrocinar la primera edición de esta obra.

C O N T E N I D O

PROLOGO

Benjamín Villegas

De un tiempo a esta parte los colombianos nos hemos acostumbrado a pensar en la necesidad de reconstruir una historia que en algún momento, todavía impreciso, se precipitó hacia el abismo en una forma voraz y vertiginosa. De ahí que entre nosotros se intenten con frecuencia aproximaciones a una realidad que es menos amarga, más solidaria y más sobria de lo que se desprende de nuestros hechos cotidianos.

Este nuevo libro de *Villegas Editores* trata de enfocar la realidad de un país en conflicto a partir de una mirada diferente. Aquí se encuentra la vida íntima de los colombianos relatada con mano maestra por quienes creen que nuestras raíces profundas deben volver sobre unas costumbres que hasta no hace mucho fueron verticales y nítidas. Por eso, *Casa Colombiana* no es un libro de decoración, ni un punto de partida para el análisis de nuestra arquitectura de interiores. Su mensaje es más llano. Con él sólo pretendemos acercarnos a una forma de ser que, a través de otro lenguaje, muestre una cara positiva de Colombia, de su cultura y costumbres, de su auténtico modo de vivir, que también puede ser, y de hecho lo es, estricto y mesurado.

En estas casas, que en el fondo son una sola casa, vivimos historias y futuros, y gestos y comportamientos. Tal vez su construcción comenzó hace trescientos años. En el principio debió ser austera, llena de la sobriedad que impone la pobreza, rodeada de árboles, con sus cuatro paredes de adobe pisado y sus tejas de barro, y tal vez estuvo junto al mar o en las montañas, o en los pueblos o en las haciendas solitarias. Años después comenzó a hacerse a las costumbres y a las gentes , fijó una frontera entre un sitio ideado para nacer y morir y el resto del paisaje, construyó buitrones y chimeneas, inventó piletas de agua, se extendió cada vez más allá hasta formar ciudades y poblaciones, con paciencia domesticó los elementos, aserró la madera para convertirla en mesas o en ventanas, del barro hizo ladrillos y hornos y baldosines, convirtió la lana de las ovejas en cobijas y alfombras, del metal sacó ollas y sacó aldabas y pasamanos, se inventó las enormes estancias de techos desmesurados y las habitaciones de los niños, hizo puertas, hizo vegetaciones, caminó por corredores y pasillos, esperó la llegada de las cabalgaduras, acumuló libros en las bibliotecas y cuadros en las paredes e imágenes en los oratorios, vivió una nueva vida en los espejos con rostros desconocidos de los antepasados, resucitó en álbumes y en retratos, y para siempre jamás se adornó con flores como una muchacha antes de extenderse definitivamente sobre territorios ignotos, sobre cementerios y sobre camposantos, bajo una miríada de cruces donde todos estamos, donde esperamos, hombro a hombro y mirada a mirada, la resurrección de los muertos hasta el fin de los siglos.

Estas casas hacen la historia y hacen el futuro. Por ellas caminaron los héroes y las enamoradas, en ellas hubo quebrantos y hubo serenatas, en ellas se amó y se odió según a quién y cómo, todas fueron punto final y estación intermedia, todas nacieron, crecieron — y murieron y resucitaron—, hasta llegar a hoy, cuando somos nosotros quienes las habitamos, nosotros los encargados de descubrir sus secretos más íntimos, de sentarnos bajo sus pórticos, de inventarlas de nuevo, de levantarlas cada día a nuestra imagen y semejanza. En ellas estamos de cuerpo entero, con nuestras costumbres y nuestras dificultades, nuestros imperios, preguntas y respuestas. En una palabra, estas casas son una sola casa, la *Casa Colombiana,* la casa por antonomasia, hecha meticulosamente con todos nuestros pelos y señales.

De esa manera, este libro entresaca lo mejor de un país polifacético como el nuestro, y lo narra a través de imágenes transparentes. En él se encuentran nuestros climas, nuestras razas, nuestros grupos humanos, la raíz española de nuestro arte, los materiales con que construimos nuestras habitaciones y viviendas, el ingenio de nuestras gentes, nuestros paisajes. Este libro no pretende, de ninguna manera, mostrarnos como un grupo humano original, como un modelo que ha logrado marcar su identidad a través de una arquitectura de propios y especiales rasgos característicos. Por el contrario, con él sólo buscamos comenzar a precisar lo que fuimos y dejamos de ser no hace mucho.

A partir de los espacios interiores, *Casa Colombiana* consulta la forma de ser de nuestras gentes y las muestra como son, abiertas y descomplicadas, a veces solemnes, en ocasiones emotivas y sentimentales. Aquí se encuentran todas y cada una de nuestras regiones, con sus rasgos austeros e individuales, se encuentran los colores de nuestra tierra, la relación que mantenemos con la naturaleza, nuestra inclinación definitiva hacia lo bello, nuestra alegría a flor de piel, y también nuestra nostalgia y tristeza.

Tal vez pueda decirse que este libro busca aproximarse a lo mejor, y que no siempre lo mejor se encuentra al alcance de la mano de un país que sufre limitaciones y vive azares sin cuento. Pero lo hemos hecho así, conscientemente, porque pretendemos nivelar por lo alto nuestras expectativas hacia el futuro. *Villegas Editores* se ha distinguido desde siempre por su deseo de contribuir en forma positiva a diseñar un mejor mañana para todos. Queremos que este sea un nuevo paso en ese propósito inalterable.

PUERTAS ADENTRO

Fernando Garavito

Este libro, con sus texturas y su poesía, constituye una nueva visión de la geografía de Colombia. En él, dispersas entre los objetos que quedan regados después de las faenas de la noche, aparecen las nubes que se enredan entre las patas de los canapés y de las mesas de mimbre, y las cordilleras que elevan sus volcanes y sus picos nevados a partir de los patios, de las alfombras, del color blanco de las paredes que pone una nota de aire fresco en la modorra de la tarde.

Aquí está la imagen verdadera de un país acorralado, de un país fatigado de muerte y de violencia. Al margen de los sucesos cotidianos, siempre tristes y siempre sorprendentes, vivimos un universo de cafeteras y ventanas, con paisajes colgados de las paredes que son un detalle más de nuestro propio paisaje interior, hecho de objetos, de escaramuzas intransferibles, del alfabeto de las cosas. Cada uno de estos espacios ha sido construido meticulosamente para pasar sin esfuerzo alguno de un libro de versos a un recuerdo de amor, de una carta a una charla con la mujer, con el vecino. Si pensáramos en un diccionario que le fuera propio, comenzaríamos por la *a,* que bautiza a las azoteas y los armarios, y terminaríamos por la *zeta* de zócalos, hechos con tintes naturales, gruesos o delgados según inquilinos y circunstancias. Ahora, encontraríamos también la buenaventura y las cornisas, las gualdrapas y las chimeneas. Pero, sobre todo, viviríamos la vida de las ventanas que dan al mar, que dan a los árboles y a las hojas que se desprenden de los árboles.

Estas páginas son, también, la historia de una atmósfera. Con facilidad nos llevan de la mano por los perfumes de los baúles, por el sutil aroma que llega de la cocina, cargado de promesas de alcachofa y cilantro. En ellas vivimos todos, en ellas nos sentimos inmersos en un universo que termina en las paredes de la estancia, que se prolonga en cada objeto dejado por ahí, al azar de los caprichos o de los atafagos. Aquí somos íntimos, somos auténticos. Nada nos mueve a comportamientos que tienen que ver con el afuera, donde las calles viven su vida de relación, donde los espacios públicos nos obligan a ser de tal o cual manera. En esta *Casa Colombiana* nos visitan de vez en cuando personajes extraños, el viento que trae mensajes de otra parte, el pulso de un corazón que se vuelca sobre sus pertenencias y recuerdos, la felicidad que toca la piel cuando se acaricia el dorso de los objetos, cuando se palpa la tersura de las superficies.

Más que inteligencia y sensibilidad, en este libro se puso el deseo de encontrar un denominador común. Por eso recorrió un territorio que desconocemos, desde la cumbre más alta hasta el valle más hondo, golpeó a las puertas de miles de casas dormidas en el paisaje, abrió postigos y ventanas y capturó esta parte esencial de nuestro comportamiento, donde se vive la autenticidad que se desprende de los espacios interiores, donde cada uno maneja su propio desorden, su propio ambiente íntimo, hecho de un mirador que da siempre sobre el mismo árbol centenario, de los objetos que son únicamente nuestros, de la ubicación precisa de nuestras cosas de todos los días, nuestra mesa para comer, nuestra silla para descansar, nuestra ventana para mirar, nuestro taburete, nuestros libros.

Detrás de cada uno de estos objetos, de cada uno de estos paisajes interiores, vive Colombia entera, con su apetito inmenso de ser mejor, con su alta defensa de un país que fue y que pronto comenzará a ser de nuevo. Desde dentro, desde nuestro profundo yo inmerso en el asombro, este libro nos propone una reflexión sobre nosotros mismos. En la mezcla de materiales para fabricar, para construir, para afirmarnos sobre nuestras condiciones y realidades, en la naturaleza que entra por la ventana como una razón de ser y un desafío, en la utilidad de los objetos y en su hermetismo, en su forma de ser hierática o de ser sensual y apasionada, hemos organizado un país que sale del mar Caribe con sus cuentos de piratas y de Gabriel García

Márquez, que avanza por las ciudades de la costa, dormidas junto a la playa, que remonta los sordos ríos milenarios con sus cargadas atmósferas de peces muertos, que sube por las laderas y por las cordilleras, que toca las puertas de Popayán, de Tunja, de Bogotá, que recorre las haciendas y las fundaciones, que —en pleno campo— oye las campanadas del domingo a las tres de la tarde, que galopa a caballo antes de remontarse a las estrellas, que abre estancias, interiores, salones solemnes y salones de una sencillez impresionante, cocinas campesinas y pisos de tierra o mármol, que recorre muros de adobe, muros de tierra o de ladrillo, que se sienta a comer en familia, a soñar en familia con las cosas que sólo a ellas pertenecen, y que, en la última página, después de crear un universo, cierra la puerta y nos deja adentro para siempre, inmersos en la verdad, próximos a nuestro real modo de ser y de entender, a nuestra vida y nuestros comportamientos.

Casa Colombiana es una aventura que nos ofrece una explicación sobre nosotros mismos, a partir de una realidad distinta pero auténtica: la de un país que, puertas adentro, vive para la ilusión, la verdad y la poesía.

MEDIODIA

Son las doce del día. Con parsimonia, el hombre deja su escritorio ubicado frente a un enorme ventanal lleno de helechos, coloca meticulosamente los lápices de colores con los que escribió fórmulas y ecuaciones, toma su sombrero de jipa blanca colgado del perchero, se abre el cuello de la camisa y se lanza a la aventura de la calle. Más allá de la penumbra del zaguán con su sobrio silencio, sabe que el sol cae a borbotones. La calle es un mercado persa, con hombres que arrastran carretillas e historias interminables, niños que juegan a la golosa y rompen sus gritos contra el firmamento, mujeres multicolores que venden pescado fresco, y corrillos que buscan la sombra de los aleros para hablar de las noticias que escucharon por radio, de la situación política, de los próximos carnavales, del discurso del presidente.

El hombre no se afana. El periódico que lleva bajo el brazo choca de vez en cuando contra los vestidos de seda que cuelgan de puertas y balcones, sobre todo cuando les saca el cuerpo a las mujeres de los mangos de sal, a la avena helada, a las baratijas y cachivaches. Hace tiempos, cuando vivía su mujer, y sus hijos eran algo más que una sombra, bajaba a la vereda a comprar aguacates, a escoger para sí nísperos y ciruelas. Ahora no. Ahora sigue su camino agobiado por el calor, aplastado por los recuerdos y los malos olores. A veces siente ese deseo inmenso de ser ellos, de sentarse a la sombra en camiseta a espantar la modorra con miradas de buey sobre las quinceañeras. Pero desde siempre sabe que no podrá, que la armazón que lleva dentro lo detendrá al borde de sí mismo, que lo regresará de un solo golpe a la dura realidad de sus inmaculados zapatos blancos de cabritilla, a la mecedora donde lee a Flaubert y devora a Teilhard noche tras noche, a sus cartas escritas con letra azul, llenas de formalismos y nostalgias.

Después la plaza, con su iglesia y sus parroquianos, y más allá su calle, la calle donde nació, donde conoció el amor y supo de la muerte, donde ahora aprende lo que es la soledad y la tristeza. Acá toda la vida. Setecientos doce pasos para partir, setecientos doce para volver, para sacar las llaves, para atravesar el jardín interior con sus palmeras y sus buganvillas, con sus enredaderas bajo las cuales crecen las arañas. Nunca jamás se ha aventurado por ese laberinto, y se ha limitado a proteger su camino de una maraña tropical donde reinan los loros. Un poco antes de las lluvias de julio allí nacen, y mueren sin que nadie las toque, orquídeas, gladiolos, pasionarias, jazmines. Este es el reino de los batracios y de las iguanas que, agobiadas por el calor, se extravían a veces sobre los baldosines. Allí, en ese mosaico interminable de amarillos y grises, huye el calor, escapa más allá de la tapias, golpea inútilmente sobre la agujereada madera de las columnas y los artesonados.

Mientras el hombre espera su almuerzo de arroz y patacones, las hormigas hacen del mantel su universo secreto, afanosamente corren detrás de una borona, husmean los lugares donde habrán de caer las migajas de pan y de polenta. Afuera, es solemne el silencio de la 1. Bajo la brisa que agita la copa de los árboles, el hombre vuelve sobre sus pasos, descorre las blancas persianas de madera, acaricia la humedad de los muros de piedra. Luego inventa otra vez las escaleras. A esa hora la casa parece desmoronarse, está llena de ruidos que hablan de otras épocas, de los días de fiesta a comienzos del siglo, de los esclavos y las caballerizas, de las mujeres acostumbradas a pulirla. Recuerda entonces los muebles de mimbre, el aparato de la RCA Víctor, los abanicos de sándalo, los baúles con su fresca fragancia de ropa limpia y sus trebejos. Bajo esta puerta pasan sombras, recuerdos y fantasmas, alguna vez cantó el horno de pan y ladraron los perros, las ollas silbaron su amorosa canción en la cocina y los mismos geranios volvieron otra vez a sus macetas. Aquí están las hamacas y la brisa del mar, el sonsonete de los zancudos y las imágenes sagradas, los bronces y el mismo cielo azul metálico, el mismo cielo inmenso, avaro de tormentas y de nubes.

Cansado, el hombre se acerca al óvalo del espejo. Otra vez sus facciones, su gesto de cada día, su mirada. A sus espaldas el lecho abre sus brazos al cansancio. Antes de recostarse se acerca a la ventana. Más allá de los techos de barro la ciudad vibra, lejos se oyen sus gritos y llamadas. El sol sigue impertérrito. Las campanas del templo dan las 2 de la tarde. Lentamente regresa hacia sus cosas, al armario de tres cuerpos, las butacas, el sofá donde murió su padre, los tapetes, las lámparas. Hay algo de amoroso en su penumbra. Proust brilla en el estante de los libros: quién sabe qué será de él después de los gorgojos. Aún queda la costumbre del anjeo y sigue la ceremonia del toldillo. Vuelve a ellas como algo esencial. Cuando las cumple regresa a la niñez, al patio y sus naranjos, al balcón para conversar hasta la tarde. Por allí van su madre y las doncellas, corre otra vez detrás de sus hermanos, regresan el gran viento de agosto, las lunas de septiembre, vuelve a las láminas de Mutis, a Las Mil y Una Noches. A la hora precisa su padre regresa del trabajo, el almuerzo está listo, aquí están la mecedora de siempre, los santos de madera, los retratos, sobre las consolas brillan las astromelias y cargan el ambiente de promesas de abeja.

El pregón del muchacho que vende ollas de cobre vuelve a traerlo acá, a su mundo de afanes. Sabe entonces que Borges lo reclama.

F. G.

La casa cartagenera revela su origen mediterráneo en la disposición de los recintos en torno al patio. Esa introversión materializa en América la cohesión que preside la vida familiar en el centro y el sur de España, en donde las costumbres islámicas ejercieron marcada influencia, tanto en los hábitos sociales como en la conformación del ámbito doméstico y del espacio urbano.

Cartagena, Bolívar

La aparición, a finales del siglo XVII, de la casa alta de dos o tres pisos, entresuelo en los locales fronteros a la calle, terraza o mirador al fondo, le otorgó prestancia al casco central del recinto amurallado de Cartagena de Indias y permitió ejercitar, con mayor amplitud, el repertorio de espacios, ornamentos y recursos constructivos. El tamaño y la forma irregular de los predios impedía la conformación del claustro sobre el patio central. Es así como el cuerpo de la casa asume la forma de L o de U y reserva lugar, contra el lindero, para el patio. Traspuesto el vestíbulo del segundo piso, la balconada corrida despliega en la baranda el ritmo de sus balaustres torneados en madera, versión de los modelos europeos creados para ser ejecutados en materiales pétreos.

El color encuentra en la casa cartagenera diversas formas de aplicación. Con frecuencia se adopta el blanco, el ocre o el amarillo pálido, para la superficie principal, y se destacan los volúmenes salientes y las ornamentaciones con tonalidades contrastantes.

Cartagena, Bolívar / (Siguientes) Cartagena, Bolívar

Rejas, canceles y celosías entre la claridad y la penumbra, definen la jerarquía de los espacios contiguos, que encuentran en el balcón su prolongación sobre la calle. Con el arco, que marca el vestíbulo, califica recintos, amplía la visual y anuncia el patio, son elementos que confieren a la casa una atmósfera de íntima belleza.

Cartagena, Bolívar / (Siguientes) Cartagena, Bolívar

La carpintería doméstica de Cartagena ostenta una notable unidad formal en sus distintas aplicaciones, generada a partir de una serie de motivos ornamentales básicos. Ese talento queda patente en las rejas de madera colocadas entre los arcos, en donde el semicírculo superior se resuelve alargando la forma del bolillo de las barandas e intercalando, en disposición radial, otros más cortos.

Cartagena, Bolívar

En la vivienda cartagenera de dos pisos, la planta alta acoge por lo general el salón y las habitaciones. Esta disposición tradicional, que permite percibir la austeridad y espíritu de la vida familiar, se ha mantenido en la restauración de la mayoría de las casas con un riguroso respeto por los elementos arquitectónicos y ornamentales originales. Cuando se ha requerido habilitar recintos de la planta baja, la intervención, lejos de alterar valores espaciales, les ha dado una nueva función al integrarlos a la vida del patio.

Cartagena, Bolívar

La restauración arquitectónica se ha extendido a las expresiones artísticas de pintura mural que, frecuentemente, aparecen bajo sucesivas capas de encalado. Estas expresiones de arte doméstico se encuentran, generalmente, en el vestíbulo superior y en los nichos, y se concentran en frisos, cenefas florales, representaciones de navíos o escenas de la vida cotidiana.

Cartagena, Bolívar

La arquitectura doméstica cartagenera califica los espacios en su función, jerarquía y emplazamiento. En la casa alta, el salón ocupa el tramo frontal del segundo piso, abierto al balcón, al que se le otorga prestancia con una mayor altura. La estructura de la techumbre queda a la vista con su lenguaje constructivo de pares en el sentido de la pendiente, soleras sobre los muros y tirantes pareados que la consolidan, apoyados sobre ménsulas. En cambio, la cocina y el comedor se mantienen al fondo del predio.

Fiel a sus orígenes, la casa inicia su secuencia espacial con el zaguán, viene luego el vestíbulo y la arcada que mira al patio. En las casas altas, la escalera presenta el despliegue arquitectónico que España le otorgó, en el cual la altura del espacio y sus generosas dimensiones ascienden hasta el segundo piso para resolverse, con igual magnitud, en el vestíbulo superior, marcado con un arco, que permite gozar de los beneficios de la vista y de la frescura del patio.

En Cartagena, como en la mayoría de las ciudades coloniales del Caribe, la vegetación está ausente del espacio urbano. Su conformación, rica en expresiones estéticas y elementos arquitectónicos y ornamentales, reserva la naturaleza para la plaza y para la intimidad de los patios domésticos. Esa característica se ha respetado en los trabajos de recuperación dentro del recinto amurallado y se ha complementado con la aparición de una variada flora tropical en los balcones, las terrazas y los miradores.

Cartagena, Bolívar

El mirador cartagenero, uno de los más valiosos y simbólicos elementos de la arquitectura colonial, ha recuperado la función que le asignaron sus creadores europeos. Su erección constituyó un reto constructivo debido a su altura y preeminencia sobre el cuerpo de la casa. Pero superadas las dificultades, emerge como un airoso remate, servido por una angosta escalera y precedido, con frecuencia, por una sucesión ascendente de pequeñas terrazas.

En el archipiélago próximo a Cartagena, conviven manifestaciones constructivas vernáculas en palma y madera rolliza, con reinterpretaciones de la arquitectura antillana y con ejemplos de origen mediterráneo.

Islas del Rosario, Mar Caribe

Barú, Bolívar

En la costa del Caribe colombiano se ha creado un género de arquitectura tropical contemporánea muy consciente de los determinantes naturales de clima y paisaje y de las condiciones de uso, permanente o periódico, de la vivienda. Es clara su intención de captar las brisas en procura de una ventilación cruzada. La penumbra y profundidad de los recintos favorecen la frescura y el dominio del paisaje marino, bajo la protección de grandes aleros. Predominan las superficies blancas y los pisos en baldosín de cemento, cerámica esmaltada, mármol y piedra coralina. El mobiliario se escoge ligero, generalmente de mimbre o de bambú y tapizado con telas de algodón.

Barú, Bolívar

La Casa de Huéspedes Ilustres de Cartagena de Indias, emplazada sobre la península de Manzanillo, puede calificarse como un homenaje de la arquitectura contemporánea a la arquitectura doméstica cartagenera. No la reproduce textualmente, ni se apropia de sus signos formales y ornamentales, sino que la interpreta en sus significados culturales, secuencias y relaciones de espacios. Adopta la sucesión de patios como origen de su composición y los dispone en diagonal para buscar visuales sesgadas y perspectivas oblicuas. Abre sus esquinas, crea penumbras y contrastes de luz y sombra y refuerza la frescura interior con el uso de gruesas bóvedas de ladrillo. Encierra todo este universo doméstico con gruesos bloques de piedra coralina que sólo horada, cuando es indispensable, con profundas aberturas en tributo a la solidez de las murallas. Colecta el agua lluvia y la conduce por canales que siguen la ruta de patios y corredores.

Cartagena, Bolívar / (Siguientes)
Puerto Colombia, Atlántico / Cartagena, Bolívar

En 1880, un grupo de familias cartageneras del sector amurallado, decide abandonarlo en busca del campo y la naturaleza, y urbaniza la vecina isla de Manga con versiones de villas neoclásicas francesas y mediterráneas, y expresiones de arquitectura mudéjar. Veinte años más tarde, Barranquilla sigue el ejemplo con el barrio El Prado. El aporte en destreza artesanal y materiales apropiados al clima fue notable.

Cartagena, Bolívar

El final del siglo XIX señala para la arquitectura colombiana la ruptura con una continuidad constructiva que, originada en la Colonia y sometida a modificaciones en los comienzos de la República, adopta ahora los estilos que la arquitectura europea había decantado y empezaba a abandonar. En ese primer intento de transición no trata de asimilarlos. Ajena a sus significados de origen, sólo toma sus signos formales para renovar la fisonomía de la ciudad y de la casa.

Cartagena, Bolívar

Barranquilla, Atlántico

Barranquilla, Atlántico

Una vez asentada en las ciudades, la corriente de los estilos reaparece en el campo, a lo largo de la línea férrea que une a Bogotá con Girardot, y sobre el valle del río Magdalena. Allí asume la forma de quintas y hoteles de veraneo, con carga suficiente de ornamento, evocación y uso de materiales apropiados como para convertirse en género, menor pero muy atrayente, del eclecticismo que dominó la escena arquitectónica de comienzos del siglo XX.

Villavicencio, Meta / Flandes, Tolima

(Siguientes) Acacías, Meta

Inspirada en la tradición constructiva de la casa comunal de las tribus pobladoras de la Orinoquia y la Amazonia colombianas, la casa de hacienda del llano reinterpreta la maloca nativa en sus elementos fundamentales: grandes dimensiones, utilización integral de los materiales de la región, refinados recursos de ventilación y estrecha vinculación con el paisaje circundante. Grandes pilares sirven de base a una estructura que, a medida que asciende hacia la pendiente de la techumbre, se hace más esbelta, hasta encontrar la trama de pares y correas que recibe la hoja de palma.

Yopal, Casanare / Acacías, Meta

Ahora camino como un fantasma, recorro los corredores, voy y vuelvo hasta el cansancio, mis pasos dejan un rastro que nadie podrá seguir por más que quiera. Esta pieza, esta esquina, este solar, esta madriguera. Me gusta ir pegada a la pared, de espaldas para que nadie me sorprenda. Pero resulta que choco con las sillas, con las consolas, a veces debo bordear la cama donde murió mamá, las macetas de flores secas, el viejo escritorio de cortina de papá y el abuelo. En el jardín de las tres de la tarde, cuando el sol justifica la exuberancia del clima templado, ustedes persiguen mariposas con sus sombreros. Entonces éramos felices, teníamos las lecciones y la costura obligatoria, cada quince días venía el maestro de piano, de manera que Luisa, que estaba enamorada de sus ojos y su melancolía, nos ponía a la fuerza esos aparatosos vestidos de organdí llenos de lazos que nos obligaban a tocar a Chopin como si fuera Dvorak. Pero la mayor parte del tiempo nos dedicábamos a vivir como decía mamá que debían vivir las señoritas, leíamos las lecturas edificantes que nos permitía el padre Bravo, rezábamos el rosario de la noche, tratábamos con cortesía distante a las criadas y a los arrendatarios, cuidábamos el jardín y cortábamos delfinios y jacintos para el altar de los domingos. Todavía están el altar y los floreros, pero nosotras ya no estamos, ustedes tal vez viven allá o no sé dónde, mientras yo persigo mi sombra en el amanecer, por anaqueles, solares azules e interminables barandas de colores. Alguna vez sentí que yo estaba en el fondo del baúl de los álbumes, donde mamá dejó clasificados sus tres viajes a Europa, donde está su retrato de amazona y las fotos de los abuelos, pero cuando quise palpar, palparme, me espantaron las cartas donde papá nos cuenta tántas cosas, donde nos copia poemas y sentencias, donde nos habla de la casa, de la forma como él llegó hace doscientos años. En ese entonces trajeron maderas y baldosas, trajeron porcelanas, vajillas, lámparas y retratos. Alguien cargó un piano envuelto en tapetes persas, y damascos, percheros y una victrola con un disco de La Danza Macabra. Papá, papá. Aún oigo el disparo, los gritos, corro desde mi habitación, al levantarme tumbo la jarrita de agua que tengo sobre la mesa y con los vidrios me corto los pies descalzos. Pero corro, corro, corro, corro detrás del eco, de repente sé que alguien prende las luces de las arañas y de los candelabros, sé que grito también, dejo un rastro de sangre sobre los baldosines, atravieso puertas y cruzo habitaciones, no sé por qué veo nítidas ventanas y ventanas, subo peldaños de piedra, peldaños de madera, paso frente a las cosas de mamá, tropiezo con el mueble de sus potes de porcelana —tintinean aún en mi cabeza—, por ahí andan Julia y Alicia que corren como alma que lleva el diablo y andan ustedes y andan las muchachas, hasta que me extravío, estoy sola con mis recuerdos, él, con sus bigotes y sus cuellos de pajarita, leyendo en su biblioteca hasta más no poder, hasta el agotamiento, él, su mirada profunda en el espejo, sus silencios interminables hechos de caricias también interminables, fugazmente veo la cabeza del venado que fue su trofeo de caza, el anaquel con sus pistolas, su silla de montar, el reloj que marcó la hora. En el horizonte, oigo cómo relinchan los caballos, sé que tropiezo y caigo y vuelvo a correr y tropiezo de nuevo, hay un abominable estrépito de puertas pero el inmenso portón que da entrada al gabinete de mamá permanece cerrado, en el salón el viejo Fly lloriquea y menea la cola, hasta que atravieso los canceles de madera tallada. Entonces siento bajo mis plantas el césped húmedo de las 6 de la tarde, las chicharras hacen un ruido inmenso y el viento agita las copas de las ceibas y de los algarrobos. Atrás queda el fulgor de los geranios y atrás el mirador sobre el valle desde el cual cada tarde asistimos al verde de los guaduales, a la puesta de sol, al sol de los venados. Corro, corro, corro, corro. Los guijarros del caminito que serpentea entre los cámbulos me destrozan los pies. Sé que persigo mi sombra pero ella va más rápido, sé que es urgente llegar al pabellón donde se oye el rudo aletear de los canarios contra los ventanales. La puerta está cerrada. Por un instante veo el resplandor de las orquídeas y de los rododendros, la humedad sobre vidrios y cristales. Luego nada. Es la hora del Angelus. Allá en el horizonte se oye la campana mayor. Una, dos... seis campanadas. Entonces todo vuelve a ser lo que era antes, las criadas lavan los corredores interminablemente e interminablemente bruñen las vasijas de cobre, mamá se alista para ir a la misa, y papá sostiene la puerta del Packard. Más tarde vienen las visitas que se sientan en el inmenso salón donde toman café con colaciones, los helechos ponen una nota de aire de tierra fría en el ambiente, Helena toca el piano y los perros caminan al tuntún por los jardines. En el gran comedor, bajo el cielo raso de madera con su enorme araña de cristal tallado, siempre hay un sitio libre. A veces lo ocupa el párroco, a veces la priora del convento, a veces el abuelo con su gran leontina. Recuerdo. Amaba el ajedrez y el ron de caña, y se adormecía sobre una silla *tonet* que él llamaba la Sucursal del Paraíso. Por entre los dos océanos de cafetos, más allá de la tapia de adobe, desfila hacia el establo el rebaño de vacas. Hay ruidos de cencerros y gritos de vaqueros, y flotan por ahí los tiernos sonidos elementales de la tarde. Cede el calor y los búhos comienzan a abrir sus ojos amarillos al asombro. En un rincón, bajo la lamparita, papá repasa a Goethe hasta el cansancio. En el fondo están los ruidos de las vasijas, las ollas tararean una canción monótona. Ustedes salen del baño vespertino con gritos de porcelana y de dentífrico, mientras a mí me arroba el sonido del Angelus, la música que se desprende de la tarde.

F. G.

Cali, Valle del Cauca

Bucaramanga, Santander / Ibagué, Tolima
(Siguientes) Ibagué, Tolima

La casa de hacienda de clima templado es el producto de un proceso de refinamiento y acomodación constructiva de la vivienda colonial urbana, a las condiciones ambientales del trópico húmedo. Durante el siglo XVIII, las haciendas del centro del país alcanzaron el carácter de complejos agropecuarios. La casa, símbolo de prosperidad, busca su emplazamiento al lado de los árboles, y desde sus corredores se domina el territorio, se vigilan las faenas y se establece una relación con el paisaje.

Piedechinche, Valle del Cauca / Popayán, Cauca

La austeridad y la armónica conjunción de materiales, la presencia y el dominio del paisaje, la economía en los recursos y el talento en los resultados, constituyen el compendio de virtudes de las casas de hacienda construidas, desde Popayán hasta Cartago, en la cuenca fértil del río Cauca.

Popayán, Cauca

La austeridad de los materiales no es óbice para lograr una gran riqueza en los espacios. Aun en los corredores de más humilde función, en los tramos destinados a la servidumbre, la casa muestra el esmero en la composición de sus elementos y ambientes. Despliega diferentes dimensiones, crea ritmos y perspectivas. Diferencia superficies y anima texturas con la presencia del color.

La austeridad ornamental de la casa de hacienda caucana se manifiesta en el tosco piso de arcilla cocida y en el revoque de la mampostería, simplemente encalada, la cual recibe color en el zócalo como única licencia estética. Con igual ascetismo, el mobiliario es un acopio heterogéneo de piezas vetustas y obsoletas provenientes de la casa urbana del hacendado. El color aplicado a la carpintería y la riqueza espacial suplen con ventaja estos rigores.

Popayán, Cauca

La relación de la casa campestre vallecaucana con el paisaje y la vegetación es siempre constante. En la antigua hacienda ese vínculo se jerarquiza con la sucesión gradual de los espacios, el verde del patio se enmarca con la ventana como remate visual a través del corredor. En cambio, en soluciones contemporáneas, el follaje prolonga el ámbito interior como un domo que continúa el voladizo de la bóveda.

Cali, Valle del Cauca / Yumbo, Valle del Cauca

La casa de hacienda de las regiones cafeteras, desde Nariño, en el macizo meridional, hasta las estribaciones de las tres cordilleras, otorga nuevos significados al concepto del espacio. En ella, el interior y el exterior fluyen el uno hacia el otro, circulan por la escalera y se reúnen en el ámbito común del corredor. La columnata, la balaustrada y el alero establecen el ritmo y estrechan el vínculo con el paisaje. La vegetación mayor, como telón de fondo, se reitera con acentos florales al borde de la baranda.

Bomboná, Nariño

Bomboná, Nariño

La arquitectura cafetera desarrolló su propio código estético a partir de la madera, materia fundamental de su estructura. Las variedades nativas empleadas, su calidad, dureza y longitud y el grosor de las secciones obtenidas, determinaron la esbeltez de las columnas, su ritmo y su frecuencia. Estas, a su vez, hicieron posible la conformación de espacios altos, corredores amplios y escaleras inscritas, dueñas de una gran belleza nacida del talento popular.

Armenia, Quindío

La Colonización Antioqueña se inicia en los territorios del Antiguo Caldas, a principios del siglo XIX, provista de un repertorio de construcción doméstica ya ejercitado en el sur de Antioquia, muy apropiado para las zonas rurales y bien adaptado en los poblados. Alegre y colorida en el campo, elegante y refinada en el medio urbano, esta especial arquitectura revela sus afinidades y contactos con las formas ornamentales europeas. Sus espacios se resuelven con acertadas proporciones, elaborada carpintería y ornamentación en los cielos rasos. Emplea con sabiduría el color: el rojo en la informalidad de la casa campesina, reservándose el blanco para realzar la sobriedad de la vivienda urbana.

Pereira, Risaralda

El éxito perdurable de la Colonización Antioqueña fue posible gracias a los factores sociales, humanos, culturales y económicos que se conjugaron en su realización. Los hombres que emprendieron el largo camino al sur en busca de tierras mejores, pertenecían a sólidas familias patriarcales. Eran tan audaces, tesoneros en el trabajo y dispuestos a la aventura, que ahora querían dominar la naturaleza e iniciar, con el concurso de sus familias, la formación de un patrimonio. La estructura económica y la organización social que enmarcó la Colonización, propiciaron la definición de una identidad regional materializada en la parcela rural y su casa.

El Retiro, Antioquia

El cultivo del café aumentó la prosperidad, incrementó el comercio y permitió que la familia concentrara sus esfuerzos en la casa. El sentimiento de pertenencia estimuló el proceso de embellecimiento y definió el carácter y la fisonomía de la vivienda rural en la zona cafetera, proceso en el cual la mujer tuvo una definitiva participación. Aliada con la naturaleza, el ama de casa acopia el más heterogéneo repertorio de recipientes para sembrar las plantas, que cuelga por doquier. Vitaliza los amplios corredores con la disposición de ambientes que asigna a la tertulia y a su cotidiana labor de costura. Llena el patio con macetas que circundan la pila. Todos los recintos de la casa ostentan el sello de su afecto doméstico.

Barbosa, Antioquia

Ceñida a la tradición, la casa alta de los pueblos caldenses asume la segunda planta como "piso noble". Con el patio como espacio dominante, dispone sus habitaciones a lo largo de los corredores entablados, protegidos por amplios alares que se achaflanan en las esquinas. Los muros encalados realzan la esbeltez de columnas y barandales, prestan fondo a los elaborados marcos de las puertas y permiten el lucimiento del cancel del comedor.

Salamina, Caldas

En Salamina, la carpintería arquitectónica de la Colonización alcanza sus más depuradas expresiones en manos de famosos ebanistas nativos. Es frecuente en la vivienda salamineña que la ornamentación del cancel y el lustroso piso del corredor abierto, expongan la rica veta de la madera, en contraste con el suave tono del barniz aplicado a las columnas.

Salamina, Caldas

El patio de la casa urbana de la región cafetera compendia toda la riqueza espacial y ornamental de la arquitectura de la Colonización Antioqueña. Hacia él confluye toda la actividad doméstica. Los corredores del piso principal son recinto de recibo y tertulia familiar. La balaustrada, en madera y hierro forjado, recorre la balconada y desciende con gracia por la escalera, siempre inscrita en el corredor.

Yumbo, Valle del Cauca

Los sistemas constructivos desarrollados durante la Colonización antioqueña en el Antiguo Caldas tuvieron profundas repercusiones en el occidente colombiano y determinaron una expresión regional fundamentada en la identidad de materiales y condiciones climáticas y ambientales que favorecían su aplicación. Ese influjo trascendió las expresiones populares y ahora se plasma en afortunadas manifestaciones de la arquitectura contemporánea, que centra su interés en las posibilidades estéticas y tecnológicas de la guadua, las maderas nativas y las fibras vegetales, integradas al ámbito doméstico.

Cali, Valle del Cauca

Como afirmación de identidad y prolongación de las tradiciones populares, la casa urbana actual reproduce el ambiente rústico y abigarrado de la cocina antigua, mediante la inserción de sus elementos característicos, muchos abstraídos de su función original pero de gran eficacia decorativa. La misma connotación se le asigna al despliegue de las ollas y utensilios de origen artesanal como los calabazos y las piezas de cerámica, a las frutas tropicales y a las especias y condimentos nativos.

Manizales, Caldas

La tradición caldense en el trabajo de la guadua y la madera ha dado origen a ejercicios espaciales contemporáneos, inspirados en la estructura de los chircales y en la esbelta armazón de varios pisos de los secaderos de café. Esta experimentación encierra la doble connotación de búsqueda tecnológica y prolongación de un afianzado rasgo cultural de la región.

Manizales, Caldas / (Siguientes) Pereira, Risaralda.

Incorporada a la arquitectura contemporánea, la madera mantiene el vínculo con las tradiciones domésticas de la familia antioqueña. Aún en refinadas expresiones de vivienda campestre, la madera continúa presente en la estructura de la cubierta, en los cielos rasos, en el enlistonado de los pisos y en los marcos de puertas y ventanas.

El Retiro, Antioquia.

El Retiro, Antioquia

En las estribaciones de las montañas ecuatoriales, la arquitectura debe responder a la gradación de la escala térmica originada en los cambios de altitud. A esta peculiar condición del trópico templado se agrega la existencia, dentro de una misma región, de micro-climas locales que comparten alternativamente las temperaturas del altiplano y de la tierra templada. Tal privilegio ambiental se refleja en el tratamiento de los espacios, que deben acomodarse a las fluctuaciones del clima y estar dispuestos a abrirse sobre el paisaje durante el día o recogerse y hacerse más cálidos al atardecer. De ahí que, en un entorno geográfico común, convivan solarios protegidos con toldos y acogedores recintos presididos por una chimenea.

Envigado, Antioquia

FABULOUS COLOMBIA'S GEOGRAPHY
GEOGRAFIA PINTORESCA DE COLOMBIA

La prolongación de las tradiciones constructivas ha encontrado diversas formas de expresión en la arquitectura tropical contemporánea y se ha extendido al diseño mobiliario. Cada vez con mayor frecuencia se producen ejemplos de integración del ámbito arquitectónico con su contenido, a partir de materiales vernáculos que, como la guadua, han demostrado en sus diversas aplicaciones un gran potencial en el campo del diseño industrial y las artes aplicadas. Las virtudes esenciales de la guadua: alta resistencia, bella apariencia, acabado natural y facilidad para trabajarla, acercan el proceso de diseño y elaboración del mueble a una estructura contemporánea .

Barbosa, Antioquia

La belleza natural de la guadua y la madera, materiales de constante presencia en la construcción vernácula tropical, estimulan una expresión arquitectónica que capitaliza el orden de la estructura en favor del enriquecimiento espacial de los recintos. En las regiones cálidas del norte antioqueño, esa tradición constructiva adquirió especial realce durante el período colonial de Santa Fe de Antioquia, próspero centro urbano de la región minera durante los siglos XVII y XVIII. A pesar del decaimiento de la explotación aurífera, la ciudad mantuvo la prestancia y belleza de su arquitectura doméstica. Aún hoy, en muchas casas se aprecia este tratamiento en que la techumbre de los corredores permite la lectura de sus elementos, armónicos con el pavimento de arcilla cocida, que se prolonga hasta el patio.

El Retiro y Envigado, Antioquia

La presión demográfica ejercida por Medellín sobre el valle que la acoge ha estimulado, en las regiones circunvecinas, el desarrollo de una vivienda suburbana campestre que se usa alternativamente como finca de recreo o habitación permanente. Iniciado en los pueblos aledaños de las laderas, este tipo de poblamiento se extendió luego al altiplano de Rionegro y a lo largo de las salidas del Valle de Aburrá, al norte y al oeste, sobre la ruta hacia el cañón del Cauca. Algunas familias adoptaron la antigua casa de hacienda y le introdujeron mejoras propias de la vida urbana. Otras optaron por la arquitectura contemporánea y la dotaron de las amenidades de la casa tropical de recreo, con la piscina como elemento dominante. Reaparecen los materiales vernáculos en los cielos rasos de caña brava o en pequeñas terrazas enlistonadas de mangle o macana.

Bolombolo, Antioquia

Bolombolo, Antioquia / Saladito, Valle del Cauca
El Retiro, Antioquia

El blanco aplicado sobre superficies de textura fuerte y su contraste con los tonos de la madera y la arcilla cocida, se asocian, frecuentemente, en el diseño interior contemporáneo, con la noción de austeridad otorgada a la arquitectura histórica. Este recurso, unido al manejo de la iluminación natural y artificial, resulta particularmente eficaz en la caracterización de los espacios y resalta la disposición de las piezas de arte, el mobiliario y los objetos, que, de esta forma, adquieren mayor significado narrativo de la vida y la tradición familiares.

Cali, Valle del Cauca

Guacarí, Valle del Cauca

Hacia la mitad del siglo XX, Medellín experimenta un intenso desarrollo industrial que corre parejo con su dispersión sobre el valle y el ascenso de las urbanizaciones por las estribaciones de su flanco oriental, hacia el vecino municipio de El Poblado. Caracterizado por una sucesión de lomas y cañadas, El Poblado empieza a recibir un peculiar tratamiento que comparte lo rural y lo urbano. La vista sobre la ciudad, su cercanía, el privilegiado entorno natural, y el suave clima, propician la aparición de amplias residencias inmersas en el verde y poseedoras de toda la comodidad ciudadana. Así nace un notable género de arquitectura doméstica que, sin liberarse totalmente de los estilos ni abandonar por completo la ornamentación clásica, asume rasgos de modernidad y elegancia, respeta e incrementa la vegetación y constituye un buen ejemplo de transición arquitectónica.

El barrio El Prado fue una de las primeras extensiones de Medellín, concebida y planificada para exclusivo uso residencial. Nació a finales de la década de los años 30, una época de prosperidad para Antioquia, generada por el auge en el cultivo y la exportación de café, el activo comercio con Europa y el despegue de la industria, que significaron un avance hacia la modernidad y el refinamiento en los hábitos de vida. En su trazado urbanístico de carreras y calles muy empinadas, primó la arborización con especies de colorida florescencia y la generosidad en los retiros y antejardines. La arquitectura, naciente y proclive a los estilos europeos, nutre El Prado con un catálogo de expresiones eclécticas ricas en recursos y fantasía. Cada cuadra constituye un repaso de las tendencias en boga, y sus fachadas emulan en imaginación. Proliferan el mármol, la piedra y el granito reconstituido, los artesonados y enchapes de madera, los pisos de parqué y los vitrales de inspiración modernista.

El arte, el refinamiento y la rigurosa selección del mobiliario y sus complementos, determinan con frecuencia la subordinación del espacio a su contenido. La arquitectura se repliega en un ejercicio de neutralidad en el cual el volumen creado, sus dimensiones, los materiales y la severidad cromática de las superficies coadyuvan al realce y a la serena contemplación de los objetos.

Medellín, Antioquia

Medellín, Antioquia

Eventualmente la arquitectura doméstica tropical en sus soluciones contemporáneas crea su propio clima, se introvierte y trae el paisaje distante al interior a través de grandes ventanales. El resultado de este ejercicio implica una rigurosa selección de materiales, el manejo controlado de la iluminación general y los focos puntuales, amplios espacios y una refinada calificación en la escogencia y emplazamiento de las obras de arte y objetos de diseño. Al exterior, los volúmenes cerrados, se recubren con materiales de vigorosa textura que dramatizan la incidencia de la luz y refuerzan el carácter escultórico de la obra.

Cali, Valle del Cauca / (Siguientes) Envigado, Antioquia

La presencia del arte en el espacio doméstico colombiano ha asumido, a través de la historia, diversas actitudes, consecuentes con la época y la región. Durante el período colonial, la pintura mural o de caballete, la escultura y las artes aplicadas eran extrañas a la casa y se reservaban para los recintos religiosos. La instauración del Virreinato amplió su campo con la aparición del retrato en la casa de los notables, más como documento que como manifestación artística. En la República, toda manifestación plástica provenía de Europa, se ignoraba el valor del patrimonio precolombino y cualquier expresión vernácula se miraba con curiosidad. Actualmente la actitud es enteramente diferente.

Bucaramanga, Santander

Sólo a partir de la segunda mitad de este siglo el arte empieza a integrarse a la arquitectura, se le releva de su papel decorativo y adquiere significado real como parte de la vida cotidiana. Muchas casas contemporáneas se diseñan en función del arte que cobijan. Este ejercicio requiere un esfuerzo arquitectónico adicional y la total integración con el propietario y con el conjunto de la obra que albergará. Superficies murales acordes con el formato, soluciones integradas de iluminación artificial, control y enfoque de la luz natural y espacios con la altura y el volumen apropiados para su contemplación. En suma, es la arquitectura neutral y rigurosa, libre de cualquier protagonismo que reste importancia al contenido.

Medellín, Antioquia

La arquitectura contemporánea ha tenido que asimilar nuevos géneros de vida que permiten ejercer en la casa funciones que antes exigían el desplazamiento cotidiano entre el hogar y el trabajo. Esa ubicuidad ha dado lugar a recintos multifuncionales, flexibles, habilitados para absorber diferentes configuraciones, calidad que no los priva de identidad y carácter. Con frecuencia, son los objetos, con su significado afectivo, los encargados de mantener el calor doméstico, conferir sentido al espacio y descifrar el alma de sus moradores.

Cali, Valle del Cauca / Ubaque, Cundinamarca

PROYECTO PAISAJE URBANO
III
organizado por
de la oficina

エドガー・ネグレ
EDGAR NEGRET
1982年11月4日(木)—30日(火)

BAJO EL FRIO

Sólo yo conozco los secretos de esta casa, las cosas que ella abriga, lo que la hizo ser de esta manera. Me dice usted que es hermosa. Le contesto: cuestión de maquillaje. Recórrala, como yo, durante muchos años, cámbiele paredes, modifíquele espacios, ábrale ventanas, invéntele niveles. Está bien que así sea. Este rincón parece hecho para albergar la luz, aquí deben quedar estos objetos, de alguna manera bajo este techo deben vivir estas personas y no otras. Pero no soy yo, ni podrá ser usted, quien le imponga condiciones. Es ella la que quiso vivir en este sitio, la que inventó sus puertas y escaleras, ella la que abrió sus claraboyas, la que soñó un zarzo lleno de cachivaches que deben permanecer eternamente, la que exigió este cuadro en este muro, este sofá frente a la chimenea, la que elevó el techo como maloca o lo tendió como mujer dispuesta. Mi casa decidió ser de ladrillo, escogió sus maderas, sus caobos, sus vigas de nogal, sus guayacanes, ella hizo su propia luz, se fabricó sus sombras, resolvió la altura de sus paredes, la dimensión de sus puertas, redondeó las aristas cuando fue necesario, torneó el hierro hasta hacer rejas y filigranas, ideó el juego de baldosines, diseñó los vidrios y las vidrieras, biseló los cristales. Pero también la casa colgó las lámparas y tendió alfombras y tapetes, organizó la biblioteca, colocó en este sitio el piano, y en este o este y este los relojes, ubicó mesas, seleccionó vajillas, construyó barandas y pasamanos, impuso aleros y abedules o eucaliptus. Esta casa nació, creció, se reprodujo y no piensa morir en mucho tiempo. Preste atención: está llena de ruidos, crujen las maderas, muchos goznes chirrían, camina paso a paso sobre el parqué, respira. En ocasiones, vaya usted a saber qué le sucede, suspira hondo o lanza algún gemido, o se sienta a pensar sencillamente. Pero no confunda sus pensamientos con el viento que agita las ramas de los sauces. No. Ese es el viento que agita las ramas de los sauces. Cuando la casa piensa se siente su presencia, hay algo que se concentra en un sitio preciso, a veces en el solar, en ocasiones en el comedor después del desayuno. ¿En qué piensan las casas? Tienen pensamientos sencillos y otros pensamientos. De vez en cuando se sienten incómodas con un canapé o una poltrona. Entonces les quiebran una pata. Pero en otras circunstancias rememoran lo que ha sido su vida pasada, una vida que comenzó hecha de adobe y de tejas de barro, y que se fue extendiendo de baldosa en baldosa, de ladrillo en ladrillo, de persona en persona. ¿Sabe usted? Esta casa detesta las palomas pero ama la música de Schumann. Cuando decide oírla se sumerge en la melodía de un temperamento como el suyo, sujeto a intempestivos cambios de clima, al sol, a las tormentas, a la caricia de una llovizna de verano. Schumann se acomoda muy bien a estas paredes, tanto que los canarios interpretan unos pocos acordes de *El peregrinaje de la rosa* sin que nadie jamás lo haya notado. Pero estas son sensaciones y usted quería saber de pensamientos. Esta casa, digo: esta casa en concreto, piensa en *Morada al sur,* que es una casa como ella, y establece relaciones profundas con ese umbral gastado donde el viento repite una sílaba que brilla por instantes. Ah, permítame, sé que me emociono más de lo debido. Pero hablo de esta casa, mi casa, le cuento cómo ella ha colocado las cosas en su sitio, las gentes en su sitio, en este lugar usted, aquí la abuela, más allá la mujer o el cigarrillo. Entienda usted, esta escalera soportó alguna vez el peso de mi padre, sobre esta pared la muerte grabó su impronta, en este corredor llegaron a guarecerse mi madre y sus hermanas. Esta es mi casa, la que me ha leído día a día, la que me ha pensado, me ha modificado, la que me ha hecho a su imagen y semejanza. Antes que el habitante soy el habitado, el vivido, es ella la que abre sobre mi dorso puertas y ventanas, la que siembra rosas en mi jardín, la que clava anaqueles sobre mi pecho para poblarlos de libros y de cuadernos, mi casa entra a torrentes por mis venas y en ellas canta con grifos y sifones, quedamente levanta el aldabón para anunciar que llega y luego se sienta en mis rodillas, me protege con gualdrapas y esteras, cuando arriba la noche prende mi chimenea, en mis ojos crepita el fuego eterno, mi casa mira mis llamaradas en las que purifico un solo instante a partir del cual construyo las once de la noche, las cuatro de la mañana, en mi cabeza de niebla vibran los pregones del viento que despeinan mis tejas y miradas. Como el frío es inmenso mi casa me construye paredes de espesor respetable y me puebla de gatos, me llena de aromas de café y tabaco, me convoca alrededor del fuego de la cocina. Así soy yo, personaje de Losey, poseído por dentro, me llamo calle 90, calle 94, soy domicilio de paisajes de bruma, sobre mis hombros flota la capa del rocío. A las cinco, cuando comienzan a pasar los transeúntes, mi casa atraviesa el umbral y sale a su trabajo. Entonces me quedo solo, conmigo mismo solo atravieso mis patios, recorro mis corredores, bajo mis escaleras, voy al sótano, me asomo a mis azoteas, echo humo por mis buitrones, cuido mis celosías y peino mis jardines, yo, cargado de begonias, de pieles de vicuña, yo, encerrado bajo mis ventanales, dispuesto a no salir, a quedarme aquí dentro mientras mi casa abre de par en par sus puertas para que entre el viento a despeinar mis sillas y mis fotografías, a descansar en mis patios claustrados, a dormitar enredado en las enredaderas. Me habla usted de venta. No lo entiendo.

F. G.

La casa del artista es uno de los encargos más complejos e interesantes que puede recibir el arquitecto contemporáneo. La índole peculiar del trabajo que determina el ciclo de su vida cotidiana, el recinto donde lo realiza, los muebles y objetos que lo rodean, implican un programa específico de necesidades alejado de la estructura convencional del ámbito doméstico.

En la casa del artista, el espacio se amolda al rigor impuesto por su dueño en la disposición de los objetos e interpreta su género de vida. La luz y su incidencia revisten notable importancia. Su control puede llegar al refinamiento de calificarla con distintas calidades de vidrio en los ventanales, para obtener sutiles gradaciones.

A la mitad del siglo XX el ejercicio de la arquitectura en Colombia se consolida. El país se urbaniza y las grandes ciudades empiezan a crecer en forma acelerada, alimentadas por la migración campesina. La vivienda escasea y se concentran todos los esfuerzos por acomodar su diseño a las nuevas condiciones. La casa ideal debe ser funcional y de rápida y eficiente construcción. A pesar de que por estas razones la casa, hasta cierto punto, se despersonaliza, surgieron ejemplos notables que filtraron el verdadero espíritu de la modernización, seleccionaron las bondades que la nueva actitud tecnológica ofrecía, sin perder por ello su espíritu humanista. Demostraron además que, bajo esas determinantes, era posible trabajar una casa amable que expresara, con economía de medios, el carácter de sus habitantes. Era necesario probar que los nuevos materiales, las nuevas técnicas constructivas, el nuevo tratamiento de los volúmenes, la nueva estética, podían albergar un hogar con significado, en el cual los objetos y los muebles, en su refinada forma contemporánea, transmitieran sentimientos trascendentes. Igualmente, quedaba establecido que en la nueva configuración urbana de predios angostos, típica de los barrios bogotanos, también había lugar para la vegetación nativa.

Santafé de Bogotá, D. C.

PARIS
TRADITIONAL JAPANESE HOUSES
TREASURES OF VENICE

El concepto de la estandarización de la vivienda que trató de imponerse en la década de los años 60, generó positivas reacciones en el medio arquitectónico colombiano. La confrontación entre el sector que se inclinaba por la tecnología y el movimiento arquitectónico que pugnaba por mantener la relación con el lugar, el clima, la región y las peculiaridades de sus propietarios, dio origen a un tipo de arquitectura que concilió la innovación, las nuevas posibilidades estéticas y el incremento de la eficiencia, con la utilización de los materiales nativos como el ladrillo, en búsqueda de un nuevo lenguaje a la vez tradicional y contemporáneo.

El movimiento arquitectónico originado en Bogotá en la década de los años 60, propendió a un lenguaje expresivo, fincado en el lugar, el entorno y los materiales, que fue ejercitado en pequeños edificios y residencias unifamiliares. En ellas, la utilización del ladrillo en el exterior afirma la voluntad de una nueva estética narrativa, más libre, vinculada al paisaje y de contenido escultórico. En el interior, los libros y el arte definen el carácter de los recintos, el mobiliario no se prodiga pero las piezas que lo integran son producto de una cuidadosa selección. Casas preparadas para la lectura, el estudio, la reflexión y la tertulia selecta. Casas dispuestas para la convivencia cotidiana con el arte, severas en su concepto pero cálidas y audaces.

El renacimiento del ladrillo en la arquitectura bogotana de la década del 60, tuvo notables coincidencias con un movimiento que, bajo la denominación de "orgánico", se consolidaba por la misma época en Finlandia. Fue así como en los barrios residenciales del noreste bogotano aparecieron, en forma aislada, algunos edificios de apartamentos y casas unifamiliares que adoptaron, para sus fachadas de ladrillo, un nuevo lenguaje narrativo y escultórico que dejaba al observador la labor de descifrar la correspondencia de sus formas, con la función interna de los espacios. Esa sucesión de volúmenes curvos, superficies cerradas y muros descendentes, sin otro objetivo aparente que el de guiar hacia la entrada, tenían plena justificación en el interior. Toda decisión estética era orgánica, sugería cambio y correspondía a un género de vida familiar. Los espacios se calificaban para recibir las obras de arte, el mobiliario y los objetos previamente conocidos por el arquitecto.

La contemporaneidad asume diferentes actitudes ante la definición de un espacio representativo de la casa. Puede partir de formas y volúmenes dominantes que actúan como hitos del lugar y determinan el ambiente y la disposición interna, o generar una arquitectura de marcada neutralidad que se guía sólo a base de sutiles referencias estéticas y concede al mobiliario, a los objetos y a las relaciones con el paisaje, la responsabilidad de perfilar y conferir el tono contemporáneo a la estancia.

Santafé de Bogotá, D. C.

En el pasado, la calificación de un ámbito doméstico, su amoblamiento y ornamentación, se supeditaban al hecho arquitectónico preexistente. Hoy, cada vez con mayor frecuencia, el contenido determina la forma y calidad del espacio, ya sea en pos de una mayor flexibilidad y acomodación a múltiples distribuciones, en donde los muebles definen la función y la fisonomía o, por el contrario, una obra de arte o un objeto de gran valor y significado, es el punto de partida para la configuración del recinto.

Suesca, Cundinamarca / Santafé de Bogotá, D. C.

Durante la década de los años 60, la arquitectura bogotana inicia la búsqueda de una expresión propia fundamentada en el renacimiento de los materiales y las tradiciones constructivas locales. Esa búsqueda se concentra en el ladrillo, diestramente manejado por maestros y artesanos, económico en su producción y de alto contenido estético. Hasta ese momento, no era frecuente su aparición en el espacio interior y su uso se limitaba a las fachadas. Era necesaria una nueva actitud para que el ladrillo ingresara en el interior de la vivienda y la enriqueciera con su vigor, dando origen a una arquitectura ligada a nítidos orígenes nacionales, cálida y acogedora.

La casa campestre del suburbio bogotano es acogedora, sin ser introvertida ni ajena al paisaje. Siempre halla recursos para que el verde del bosque nativo ingrese a través de la ventana y anime la confortable calidez del interior, avivada por la chimenea.

Como herencia de la tarea iniciada por el movimiento arquitectónico bogotano de la década del 60, el ladrillo se dignifica en manos de la nueva generación que lo acoge. Su uso se hace más intenso, pero a la vez más calificado y expresivo. Ingresa al interior de la casa y los espacios se conciben en función de sus virtudes físicas, táctiles. Su color, su textura y su afinidad con otros materiales vernáculos, componen esa arquitectura que apela a los sentidos, que se hermana con la madera y con los textiles rústicos para exaltar su común origen artesanal y reforzar la atmósfera doméstica.

La arquitectura suburbana de Bogotá prosperó en la década del 70 estimulada por el crecimiento desmesurado de la ciudad. El paisaje sabanero y la presencia del bosque nativo andino en los oteros y montañas del norte, beneficiaron el ejercicio de una arquitectura doméstica que expresaba su sentido de pertenencia al lugar. El ladrillo no sólo mantuvo su protagonismo sino que amplió su significado artesanal, para convertirse en expresión de cultura. La relación del interior con la naturaleza se refinó al punto de no prodigarse en ventanales generalizados, buscando las visuales más elocuentes para cada recinto.

La capacidad del ladrillo para suscitar evocaciones y recrear épocas, ha sido bien asimilada por la arquitectura actual, como eficaz herramienta en la búsqueda de una expresión arquitectónica que compendia una serie de rasgos dispersos, agrupados con sensibilidad y talento constructivo. El espacio así concebido alcanza plena coherencia cuando su autor participa en la selección del mobiliario y los complementos ornamentales.

Durante los años 80, la evolución de la arquitectura realizada a partir del ladrillo se enriqueció con un aporte arquitectónico personalizado, nutrido por formas históricas de permanente vigencia que habían sido relegadas por la arquitectura contemporánea, recuperando la bóveda con su profundo significado, trabajada en ladrillo y puesta al servicio de un recinto doméstico unitario e integral en su rigor contemporáneo.

Santafé de Bogotá, D. C.

La exploración de nuevas formas y conceptos espaciales, que dio origen al renacimiento de la bóveda y al trabajo integral con el ladrillo, también suscitó el interés por desentrañar los motivos que alejaban de la arquitectura contemporánea materiales y sistemas constructivos ancestrales que, desde la época de la Colonia, habían probado sus virtudes y cuyos secretos reposan en el alma popular, tal es el caso del adobe. Material universal y antiguo, noble, sencillo, eficaz, económico y expresivo, con su textura, su color, sus alternativas cualidades como aislante y colector térmico, su belleza, su origen y toda la carga significativa presente en esa amalgama de tierra, el adobe reingresó al ámbito doméstico colombiano para reforzar, con el ladrillo y la madera, el lenguaje regional de la arquitectura andina.

Santafé de Bogotá, D. C.

Desde su nacimiento en el siglo XVIII, las casas de hacienda de la Sabana de Bogotá y de los altiplanos vecinos se sometieron a un lento proceso de acomodación espacial y refinamiento ornamental, que fue modelando una forma que nunca pudo considerarse definitiva, tanto por el natural proceso de evolución familiar como por las sucesivas adiciones y alteraciones sugeridas por la moda. En muchas es difícil encontrar un vestigio colonial. En cambio, de su influencia republicana numerosas casas conservan intactos sorprendentes espacios y recursos decorativos que revelan el talento de sus renovadores y la capacidad de adaptación de la construcción.

La modernización generalizada emprendida en 1930 significó para la Capital la instauración, en su periferia, de un urbanismo moderno de inspiración europea que se materializó en la apertura del primer tramo de la Avenida Caracas. Bajo tales auspicios, nacieron los barrios de Teusaquillo y La Magdalena, y hacia el oriente, en las cercanías del Parque Nacional, el pequeño y empinado barrio de La Merced. Concebidos bajo los dictados de la belleza urbana, la amplitud de las calles, la presencia de la arborización, los prados y los antejardines, estos nuevos desarrollos recibieron a las familias que abandonaban el centro, con una arquitectura elegante, novedosa y alegre, que se reflejaba en la proliferación de los estilos y en la explosión de la modernidad.

Las casas de los tradicionales barrios de Bogotá que aún conservan su función doméstica original, son fiel testimonio de la vida, las costumbres y las aspiraciones de la sociedad capitalina de la época. Fueron ejecutadas por arquitectos e ingenieros diestros en el manejo de los estilos y ayudados por maestros y artesanos, que refinaron su ancestral habilidad hasta el punto de la excelencia constructiva. Cada casa, dentro de su estilo, muestra una marcada coherencia entre su fachada y el tratamiento de sus recintos. Esta unidad se prolonga en el mobiliario y en el origen de los objetos y las obras de arte que lo acompañan.

La arquitectura de transición que dominó el escenario urbano de los barrios residenciales de Bogotá durante la primera mitad del siglo XX, tuvo su mejor expresión en las notables interpretaciones del estilo neoclásico francés que integran el valioso repertorio documental de la Capital. Su recuperación ha sido hecha con conciencia de la elegancia de los espacios, del valor del trabajo ornamental de la forja y la yesería, y de la fiel restitución de cada recinto de la casa.

Sometidas a sucesivos cambios, son pocas las haciendas de la Sabana de Bogotá cuya casa grande pueda recibir, en su actual estado, el calificativo histórico o estilístico de colonial. Por fortuna, sobreviven algunas de género mayor que aún retienen en sus fachadas, en el espacio claustral del gran patio, con su balconada animada por hiedras y geranios, y en la rigurosa composición de sus tejados, los valores esenciales de la construcción colonial sabanera.

Madrid, Cundinamarca

La vida de las casas de hacienda ha estado signada por la constante acomodación de sus espacios a nuevas necesidades. En muchas, ante la imposibilidad de satisfacerlas dentro de su perímetro inicial, se ha avanzado sobre los patios y los corredores, o se han habilitado estancias destinadas a depósitos o faenas agrícolas, independientes del cuerpo principal. En estas adiciones siempre se trata de reproducir los sistemas constructivos y la fisonomía de la casa, pero otorgándoles mayor comodidad y relación con el paisaje.

En la actualización de la casa sabanera confluyen las necesidades de mayor comodidad y una más franca vinculación al paisaje, con el mantenimiento de su estructura original y de aquellos rasgos que perpetúan su tradición. Esa convivencia de contrastes enriquece y define la fisonomía de su segunda vida. Las gualdrapas de lana han dejado el lomo del caballo para coserse en forma de coloridos tapetes. La armazón de la cubierta se sublima con el blanco. El ventanal captura todos los verdes del jardín y, en el patio trasero, la flora doméstica de cartuchos y geranios mantiene el vínculo con la casa campesina.

Tabio, Cundinamarca

Tabio, Cundinamarca

Samacá, Boyacá / Zipaquirá y Tocancipá, Cundinamarca.

No existe dentro del género de las haciendas un código establecido para la conformación del jardín próximo a la casa. Su evolución ha sucedido en forma tan empírica al punto de que la noción cultural de jardín pierde su validez en el entorno campestre. Quizás en esa espontaneidad radica su belleza, atenida a la verde permanencia del prado, a la presencia secular de un árbol o a la tapia que lo circunda.

Villa de Leiva, Boyacá

La casa rural boyacense define el territorio de su intimidad con una barda de adobe que la circunda para formar el jardín. Así crea un paisaje próximo que toma de los alrededores los arbustos nativos y del nacimiento más cercano el agua, que, conducida por pequeñas acequias, luego de alegrar la casa, regresa a la cañada.

Villa de Leiva, Boyacá

Madrid, Cundinamarca

Simijaca, Boyacá

En los altiplanos de Cundinamarca y Boyacá, subsisten casas de hacienda de género mayor que conservan su función doméstica y mantienen la conformación y rasgos arquitectónicos originales, y en sus recintos el privilegiado documento de la tradición familiar. Su existencia se remonta al siglo XVII, época de su mayor esplendor. Comparten, con casas de menor entidad, su conformación casi siempre basada en el patio central, pero sobresalen por un mayor estudio y elaboración de los rasgos arquitectónicos, originados en los preceptos clásicos de la Academia Española, que tuvo como su principal exponente en nuestro medio al arquitecto de la Catedral de Bogotá, a quien también se le atribuyen la autoría y aun la construcción de algunas de estas casonas. Cobijadas por la majestad de su arquitectura intocada, las estancias fueron absorbiendo en su ornamentación el advenimiento de cada nueva época, respetuosamente congelada con la llegada de la modernidad.

Simijaca, Boyacá / (Siguientes) Simijaca, Boyacá

Una de las consecuencias del crecimiento que Bogotá experimentó a partir de la mitad del siglo XX, fue la pérdida generalizada de la función doméstica del sector antiguo, seguida por el deterioro y la consecuente pérdida de vitalidad de su entorno urbano. Por muchos años, su destino se circunscribió a las funciones institucionales que terminaban con el día, matizadas por una discreta actividad cultural nocturna y animadas, débilmente, por la tenacidad de algunas pocas familias que se aferraban a sus antiguas casonas. Se emprendieron muchas restauraciones meritorias, pero ninguna logró llenar a cabalidad el vacío dejado por la actividad habitacional. Fueron la saturación del norte capitalino y el anhelo latente por un género de vida ligado al entorno tradicional de la gran ciudad, los factores reales que empezaron a motivar el repoblamiento doméstico del centro.

Bojacá, Cundinamarca / Santafé de Bogotá, D. C.

Una gran carga de afecto y evocación de las costumbres domésticas se ha plasmado en las cocinas restauradas del centro de Bogotá y la sabana. En ellas campean el abigarramiento, la heterogeneidad, la transposición funcional y el anacronismo, como licencias, todas válidas, para reforzar la identidad y exaltar las artes vernáculas como la cerámica y la cestería.

Chía, Cundinamarca

La restauración de la vivienda del centro de Bogotá ha asumido diversas modalidades acordes con el tipo de casa, su pasado documental, su valor arquitectónico y el género de vida a que aspiran sus nuevos moradores. La mayoría se concentra en el barrio de La Candelaria y, aunque su configuración corresponda lejanamente a la época colonial, en sus rasgos arquitectónicos y decorativos se reconoce su estirpe republicana. Las pocas casonas de mayor entidad que no habían sido destinadas con anterioridad para otros fines, fueron restauradas como viviendas unifamiliares. Sobre el resto se ha ejercitado un fraccionamiento en apartamentos que mantiene celosamente el zaguán y los corredores, como elementos espaciales que perpetúan su carácter. Ha sido una labor de habilitación y modernización en la cual se admira por igual el respeto por el pasado, el arduo y minucioso trabajo curativo y la acomodación de los espacios a la comodidad de una vida y una estética contemporáneas, ceñidas al encanto de la casa santafereña.

Una vez identificada la vivienda como el factor más importante para la revitalización del centro histórico de Bogotá, empezaron a perfilarse diversas actitudes de aproximación a la restauración y modernización de sus espacios, única forma de hacer atractivo el retorno, evitar nuevas migraciones y consolidar la vida cultural y artística ya establecida. Sobre el tratamiento interior, no fue difícil lograr consenso en la necesidad de hacerla cálida y confortable, aún a costa de alteraciones a su configuración. En cambio, sobre su fisonomía externa y su relación con el espacio público, por mucho tiempo y gracias a una curiosa disposición municipal, toda la arquitectura documental del sector antiguo se había uniformado con el verde oscuro para la carpintería y el blanco para los planos de la fachada. Fue necesario, como en Cartagena, recurrir a la investigación científica para descubrir, bajo el encalado, sucesivas capas que testimoniaron la libertad cromática de fachadas, balcones y barandales, que ha vuelto a animar el espacio público de La Candelaria.

La casa es el aporte de la familia a la perpetuación de la tradición. En ella se manifiestan todos los significados, esfuerzos, anhelos, afectos, sueños y evocaciones que constituyen la verdadera historia de un pueblo. Es la clave para determinar la organización de la sociedad, los modos de relación y convivencia, los hábitos y costumbres y los intereses culturales. Es la capacidad del hombre para dominar el entorno, adecuarlo a sus necesidades y convertirlo en el lugar apropiado para la expresión de sus ideales.

FOTOGRAFOS

ANTONIO CASTAÑEDA BURAGLIA

1, 14, 18, 19, 21, 22, 23, 24, 25, 26, 27, 28, 29, 30, 31, 32a,b, 33, 34, 35, 36, 37, 38, 39, 40, 41, 42a,b, 43, 44, 45, 48, 49, 50, 51, 52, 53, 54, 55, 56, 57, 58, 59, 61, 62, 66, 67a,b, 68, 69, 70, 71, 76, 77, 78, 79, 81, 82, 83, 86, 87, 88, 89, 92, 93, 96, 97, 107a, 114, 115, 118, 120, 121, 129, 130, 131, 132, 134a,b, 135, 136, 137, 138, 139, 140, 141, 142, 146, 147, 148, 149, 151, 153, 154, 155, 156, 157, 160, 161, 162, 163, 164, 165a,b, 167, 168, 170, 171, 172, 173, 174, 175, 176, 178, 179, 181, 184.

CLAUDIA URIBE

84, 85, 91, 98, 99, 100, 101, 102, 103, 104a,b, 105, 106, 107b, 108, 109, 110, 111, 112, 113, 116, 117, 119.

JOSE FERNANDO MACHADO

60, 73, 74, 75, 94, 122, 126, 127, 143, 144, 145, 152, 166, 177, 180.

HERNAN DIAZ

46, 47.

PILAR GOMEZ

158, 159.

DIEGO SAMPER

80, 90.

FERNANDO CORREA

72, 169.

JORGE EDUARDO ARANGO

95.